AF247901

CANTIQUES

POUR LE

MOIS DE MARIE

A L'USAGE

DE LA PAROISSE DE SAINT-GERVAIS,

Publiés avec l'approbation de Monseigneur l'Archevêque
de Rouen,

PAR PAUL BAUDRY.

ROUEN.

IMPRIMERIE MÉGARD ET Cie, GRAND'RUE, 156.

—

1850.

CANTIQUES

POUR

LE MOIS DE MARIE

A L'USAGE

DE LA PAROISSE DE SAINT-GERVAIS,

Publiés avec l'approbation de Monseigneur l'Archevêque de Rouen,

Par Paul BAUDRY.

Sainte Marie priez pour nous.

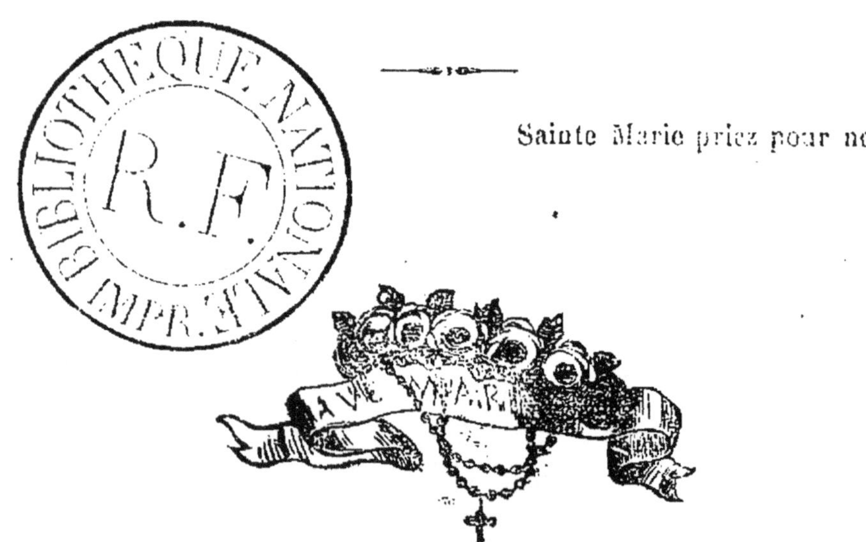

ROUEN.

IMPRIMERIE MÉGARD ET Cie, GRAND'RUE, 156.

1853.

APPROBATION

DE MONSEIGNEUR L'ARCHEVÊQUE DE ROUEN.

LOUIS-MARIE-EDMOND BLANQUART DE BAILLEUL, par la miséricorde divine et la grâce du Saint-Siége Apostolique, Archevêque de Rouen, Primat de Normandie, etc.

N'avons rien trouvé, dans le présent *Recueil de Cantiques*, au point de vue doctrinal, qui puisse en empêcher la publication.

Donné à Rouen, sous le seing de notre Vicaire général, le sceau de nos armes et le contre-seing du Secrétaire de l'Archevêché, le vingt-cinquième jour de Mars mil huit cent cinquante.

CAUMONT, *Vicaire général.*

Par Mandement de Mg^r l'Archevêque,

LEBEL, *Chanoine-Secrétaire.*

Rouen. — Imp. MEGARD et Cie, Grand'Rue, 156.

A LA GLORIEUSE ET IMMACULÉE VIERGE MARIE.

En publiant ce modeste *Recueil de Cantiques*, l'auteur a dû se proposer de contribuer, suivant ses faibles moyens, à l'édification de ses frères en Jésus-Christ et à la gloire de la très-sainte Vierge, bien plus que de produire une œuvre littéraire.

Il ose espérer que les paroissiens de Saint-Gervais, pour lesquels ces strophes ont été spécialement composées, sur la demande de leur respectable pasteur, M. l'abbé Motte, ne lui refuseront pas l'aumône d'une courte prière, et voudront bien parfois réciter à son intention les paroles de la *Salutation Angélique*.

P. B.

MOIS DE MARIE.

Invocation au Saint-Esprit.

AIR : *Esprit-Saint descendez en nous.*

(Ce cantique peut être chanté au commencement de tous les exercices du mois.)

Descendez, Esprit du Seigneur;
De la crainte de Dieu remplissez notre cœur.

Vous êtes l'Esprit de prière
Qui fait la force du chrétien;
Vous êtes l'Esprit de lumière
Qui du ciel nous éclaire,
Nous montrant le chemin.

Vous êtes bien l'Esprit d'intelligence
Qui nous dirige au milieu des brisants;
Vous êtes bien cet Esprit de science
Qui conduit les plus ignorants.

Vous êtes seul cet Esprit de sagesse
Dont les conseils rendent l'homme pieux;
Seul vous pouvez, aidant notre faiblesse,
Nous introduire dans les cieux.

Mois de Marie.

—

AIR : *Vole, vole, mon âme.*

(Ce cantique doit être chanté pendant la première quinzaine du mois.)

Chrétiens, levez la tête,
Venez dans le saint lieu.
Voici les jours de fête
De la Mère de Dieu.
Qu'une nouvelle vie
S'agite en votre cœur !
Le beau mois de Marie
Est un mois de bonheur.
Chrétiens....

Mois de Marie.... oh ! qu'il parle à mon âme !
Que d'allégresse il la fait tressaillir !
Pieusement il l'anime, il l'enflamme
D'un doux penser d'espoir et d'avenir.
Chrétiens....

Mois de Marie...,. en ce mois plein de charmes,
La Vierge sainte est là qui nous entend :
Prions-la bien, elle essuiera nos larmes;
Prions-la bien, sa bonté nous attend.
Chrétiens....

Mois de Marie.... en ces jours favorables,
Vous le voyez, elle vous tend les bras.
Confiez-vous à ses mains secourables :
C'est votre mère ; allez, ne craignez pas.
Chrétiens....

Mois de Marie.... en ce mois d'espérance,
Un vent fécond a chassé les autans.
Qu'un mot de vous, ô Vierge de clémence!
Brise nos fers, nous rende pénitents!

    Chrétiens....

Mois de Marie.... alors que, dans l'espace,
Tout se revêt et se couvre de fleurs,
Qu'en ce beau mois un rayon de la grâce,
D'un feu sacré réchauffe aussi nos cœurs!

    Chrétiens....

Mois de Marie.... après la pénitence
Qui doit nous rendre au calme de la paix,
Allons à Dieu, remplis de confiance,
En recevoir le plus grand des bienfaits.

    Chrétiens....

Mois de Marie.... il nous offre l'image
Du jour qui doit illuminer nos yeux.
C'est le repos qui succède à l'orage;
C'est l'avant-goût de la gloire des cieux.

    Chrétiens....

Il va finir.

—

Air : *Vole, vole, mon âme.*

(Ce cantique doit remplacer le précédent pendant la seconde
quinzaine du mois.)

Chrétiens, levez la tête,
Venez dans le saint lieu.
Ce sont les jours de fête
De la Mère de Dieu !
Que votre âme attendrie
Profite de ces jours !
Le beau mois de Marie
Va terminer son cours.
Chrétiens....

Il va finir, ce beau mois plein de charmes,
Pendant lequel la Vierge de douceur,
Nous consola, vint essuyer nos larmes,
En nous aidant à trouver le bonheur.
Chrétiens....

Il va finir, ce beau mois d'espérance
Qui promettait un heureux avenir ;
Il va finir, ce mois où l'innocence
Venait s'asseoir auprès du repentir.
Chrétiens....

Il va finir, ce mois de pénitence
Qui nous remit en l'amour du Seigneur.
Il va finir.... mais, ayons confiance !
Marie est là qui garde notre cœur !
Chrétiens....

Il va finir.... Le monde impitoyable,
Comme autrefois, nous offre ses plaisirs ;
Mais, au sortir de la divine table,
Nous saurons bien confondre ses désirs.

     Chrétiens....

Il va finir.... pour attirer nos âmes
L'enfer aussi fait un dernier effort ;
Mais c'est en vain qu'il active ses flammes,
Suivons Marie, et nous irons au port.

     Chrétiens....

Il va finir ; et la voilà flétrie
La blanche fleur qui parait cet autel.
La blanche fleur que préfère Marie,
C'est un beau lis, un beau lis immortel.

     Chrétiens....

Il va finir, et notre bonheur passe ;
Ils sont passés les plus beaux de nos jours ;
Mais nous aurons toujours besoin de grâce.
Nous reviendrons et nous prierons toujours.

     Chrétiens....

Il va finir ; mais jusques à cette heure,
Qui joint le temps avec l'éternité,
Nous prierons Dieu que chacun de nous meure
Dans l'innocence et la fidélité.

     Chrétiens....

Priez pour nous, sainte Marie !

AIR : *Vierge, reçois cette couronne.*

Priez pour nous, sainte Marie ;
Priez pour nous, Reine des cieux.
Voyez-vous ce peuple qui prie ?
Priez pour lui, vous priez mieux.

Demandez qu'elle soit heureuse
La mère qui craint le Seigneur !
Demandez qu'elle soit pieuse
La jeune fille à l'humble cœur !
Obtenez constance et courage
A l'ouvrier qui vous bénit !
Mettez à l'abri de l'orage
Le petit enfant qui sourit !
Priez....

Que votre parole puissante
Rende au malade la santé !
Qu'un mot de vous, Vierge clémente,
Donne au captif la liberté !
Que votre lumineuse étoile,
Brillant à l'aube du matin,
Du nautonnier guide la voile,
Guide les pas du pèlerin !
Priez....

Du malheureux séchez les larmes,
En lui montrant un autre sort !
Du guerrier bénissez les armes !
Qu'il soit toujours pieux et fort !
Donnez à notre belle France
Le calme et la tranquillité ;
Sur nos maux versez l'espérance,
Le baume de la charité.

Priez....

Détournez la sainte colère
Du Dieu qui voulait nous punir !
Montrez-vous encor notre mère ;
Obtenez-nous le repentir.
Que le pécheur qui vous offense
Revienne à vous enfant soumis,
Et qu'il recouvre l'innocence,
Humble de cœur, humble d'esprit !

Priez....

Que le chrétien, dans l'allégresse,
Offre à Dieu sa félicité !
Qu'il soit calme dans la tristesse,
Dans les épreuves résigné !
Qu'il soit sans tache, sans souillure,
Et qu'au grand jour de l'Éternel
Son âme s'envole bien pure
Au sein de Jésus, dans le ciel.

Priez....

Marie est une mère.

—

AIR : *Les Adieux du Martyr.*

Triste orphelin, exilé sur la terre,
Demeuré seul, sans parents, sans appui,
Qui ne connus jamais ta bonne mère,
Qui n'as personne et qui pleures d'ennui !
Reprends courage. Au fond du sanctuaire
Pour l'orphelin il est d'autres parents :
Pour l'orphelin Marie est une mère ;
Et quelle mère aime plus ses enfants ?

Lorsque tu vois une indulgente mère
A ses enfants prodiguer son amour,
Ton cœur gémit, ta pauvre âme se serre ;
Tu pleures ceux auxquels tu dois le jour.
Console-toi. Du fond du sanctuaire
La Vierge sainte a compté tes douleurs.
Pour l'orphelin Marie est une mère ;
De l'orphelin elle sèche les pleurs.

Jamais un mot, jamais une caresse
N'a soutenu tes pas mal affermis.
Il est si peu de sincère tendresse !
Il est si peu de fidèles amis !
Rassure-toi. Du fond du sanctuaire
La Vierge sainte aura sur toi les yeux.
Pour l'orphelin Marie est une mère ;
A l'orphelin elle montre les cieux.

Les Enfants de Marie.

—

Air : *C'est le nom de Marie.*

(Extrait d'un cantique composé pour la paroisse de Grémonville. — Ces
strophes doivent être, autant que possible, chantées par des enfants.)

O Marie ! ô ma mère !
Écoutez nos accents ;
Ecoutez la prière
De vos jeunes enfants.

Le Dieu de l'innocence,
De la foule suivi,
Laissait toujours l'enfance
Venir auprès de lui.
O Marie !....

Puisque Jésus abaisse
Les yeux sur un enfant,
Nous le prierons sans cesse ;
Oh ! priez-le souvent.
O Marie !....

Prions pour notre mère,
Nos amis, nos parents ;
Prions pour notre père,
Pour qu'il vive longtemps.
O Marie !....

Priez, ô Vierge sainte !
Notre divin Sauveur,
Que rien ne porte atteinte
Jamais à notre cœur.
O Marie !....

Loin de la triste voie
Que cherche le pécheur,
Nous trouverons la joie,
La paix et la candeur.
O Marie !....

Soyons pieux : qu'importe
Qu'on se raille de nous !
L'innocence est bien forte
Qui repose sur vous.
O Marie !....

Que la seule justice
Nous dirige toujours !
Que jamais l'artifice
Ne règle nos discours ?
O Marie !....

Bénissez nos pensées,
Paroles, actions ;
Que nos fautes passées
Nous servent de leçons !
O Marie ! ...

Sans vous notre jeunesse
N'est qu'un stérile bien !
Guidez notre faiblesse,
Soyez notre soutien !
O Marie !....

Soyez la providence
De vos enfants soumis ;
C'est à leur innocence
Que le ciel est promis.
O Marie !....

C'est le Mois de Marie.

—

AIR : *C'est le nom de Marie.*

(Extrait d'un cantique composé, à une époque antérieure, pour la paroisse
de Saint-Sever.)

C'est le mois de Marie,
Célébrons son retour;
Que notre âme attendrie
S'épanche en ce beau jour.

Marie est notre mère,
La mère du Sauveur;
Elle entend la prière,
La prière du cœur.

C'est le mois....

Vierge toute clémente
Pour le pauvre pécheur,
Sa parole puissante
Apaise un Dieu vengeur.

C'est le mois....

Equitable patronne
Du Chrétien repentant;

Pour le riche elle est bonne,
Bonne pour l'indigent.

C'est le mois....

Siége de sapience,
Elle est notre recours;
Elle est notre espérance,
Dame de bon secours.

C'est le mois....

C'est l'étoile qui brille
Devant le pèlerin;
C'est l'appui, la famille,
L'espoir de l'orphelin.

C'est le mois....

Son regard nous console
Aussi doux que le miel;
Un son de sa parole
Nous ouvrira le ciel.

C'est le mois....

A Saint-Joseph.

—

Saint Joseph, chaste époux de la Vierge Marie,
Bon père nourricier du saint enfant Jésus,
Priez pour nous, pécheurs, en cette pauvre vie,
Afin qu'après la mort nous soyons tous élus.

Grand saint, qui, pour guider la Vierge incomparable,
Pour assurer l'honneur de ses belles vertus,
Avez reçu d'en haut le bonheur ineffable
D'être époux de Marie et gardien de Jésus.
Saint Joseph....

Grand saint, qui, sur la terre, avez eu l'avantage
D'être choisi de Dieu pour protéger son fils,
Pour veiller sur la gloire et sur le premier âge
De cet enfant divin, qui vous était soumis.
Saint Joseph....

Oh ! dites-nous, Joseph, dites-nous l'innocence,
L'humble soumission, la douceur de Jésus ;
Obtenez-nous un peu de son obéissance ;
Faites briller en nous un peu de ses vertus.
Saint Joseph....

Trop heureux protecteur du fils et de la mère,
De la Vierge pour nous ayez les sentiments ;
Ainsi que pour Jésus, pour nous soyez un père.
Frères de Jésus-Christ, nous sommes vos enfants.

Saint Joseph....

A côté de Jésus, à côté de Marie,
L'église vous honore en la splendeur des saints.
Votre auguste mémoire est justement bénie ;
Et l'enfant est béni, que nourrissaient vos mains.
Saint Joseph....

Puissions-nous, comme vous, ouvriers sur la terre,
Vivre dans l'innocence et la simplicité,
Vivre avec le Sauveur et sa divine Mère,
Mourir entre leurs bras, pour la félicité.

Saint Joseph....

Souvenez-vous !

—

AIR : *Prévenons les feux de l'aurore.*
J'entends une voix....

Souvenez-vous, pieuse Mère,
Qu'on ne vous implore jamais
Sans voir l'effet de sa prière,
Sans goûter vos nombreux bienfaits !

Plein d'une telle confiance,
O Vierge mère du Sauveur !
Je réclame votre assistance
Pour un misérable pécheur.

Souvenez-vous....

Courbé sous le joug qui m'opprime,
Le cœur contrit, je viens à vous ;
Et regrettant mon propre crime,
Je me prosterne à vos genoux.

Souvenez-vous....

Je demande votre suffrage ;
Je viens me jeter dans vos bras ;
Vierge, sauvez-moi du naufrage ;
Vierge, ne m'abandonnez pas.

Souvenez-vous....

Daignez, ô puissante Marie !
Ne pas rejeter nos accents ;
Ecoutez la voix qui vous prie,
La voix de vos pauvres enfants.

Souvenez-vous....

Vierge plus pure que les Anges!

Vierge plus pure que les Anges,
Au-dessous de Dieu seul assise dans les cieux,
Vous dont les Chérubins exaltent les louanges,
Soyez attentive à nos vœux!

O vous! dont la puissance égale
Les célestes honneurs, les sublimes vertus;
Vous, en qui Dieu forma cette chair virginale,
La chair divine de Jésus.
Vierge....

Apprenez-nous comment on aime,
Comment on doit servir votre adorable fils;
Donnez-nous cet amour que vous aviez vous-même
Pour le Dieu qui vous fut soumis.
Vierge....

Montrez-nous le Sauveur du monde
A vos moindres désirs obéissant toujours,
Honorant par son choix la misère profonde,
A Joseph offrant son concours.
Vierge....

Sur la montagne du Calvaire,
Écoutez de Jésus les suprêmes accents.
Femme, les malheureux vous appellent leur mère :
Adoptez-les pour vos enfants.
Vierge....

O vous! dont la douce tendresse
Prodigua tant de soins au divin Rédempteur,
Usez à notre égard de la même largesse
Que pour l'enfance du Sauveur.
Vierge....

Enfants d'une mère coupable,
Nous venons à l'envi nous jeter dans vos bras;
Hâtez-vous de nous tendre une main secourable,
Fermez l'abîme sous nos pas.
Vierge....

Oh! viens prier à l'autel de Marie!

AIR : *Les Adieux du Martyr.*

Pauvre pécheur abusé par le monde,
Et par le doute à tout vent ballotté,
Qui n'as plus rien où ton espoir se fonde,
Et fuis toujours, incertain, agité;
Enfant prodigue, au printemps de la vie,
Qui ne sais plus où reposer ton cœur,
Oh! viens prier à l'autel de Marie;
Viens retrouver la paix et le bonheur.

Longtemps, hélas! tu cherchas dans le monde
Le calme heureux d'une innocente paix;
Tu n'as goûté qu'amertume profonde,
Et du bonheur, tu n'en trouvas jamais.
Enfant prodigue, au printemps de la vie,
Qui ne sais plus où reposer ton cœur,
Oh! viens prier à l'autel de Marie;
Viens retrouver la paix et le bonheur.

Si tu savais ce que vaut la prière,
Ce qu'elle inspire au cœur brûlant de foi,
Ce qu'elle peut auprès de notre Père,
Auprès d'un Dieu qui souffrit plus que toi,
Enfant prodigue, au printemps de la vie,
Qui ne sais plus où reposer ton cœur,
Oh! tu viendrais à l'autel de Marie,
Prier souvent, retrouver le bonheur.

Rappelle-toi ces jours pleins d'espérance,
Où, jeune encor, tu venais à l'autel,
Portant, heureux, la robe d'innocence,
Présage saint du bonheur éternel.
Enfant prodigue, au printemps de la vie,
Qui n'as plus rien où reposer ton cœur,
Oh! viens prier à l'autel de Marie;
Viens retrouver la paix et le bonheur.

Mais qu'ai-je dit? quelle vive lumière
Brille soudain et ranime tes sens?
D'où vient la foi dont le flambeau t'éclaire,
La foi qui veille à tes pas chancelants?
Enfant prodigue, au printemps de la vie,
Qui n'avais plus où reposer ton cœur,
C'est que tu viens à l'autel de Marie
Prier encore et chercher le bonheur.

Tu l'as compris : sur ton intelligence
Quelques instants ont à peine glissé ;
Un nouvel homme en toi naît et commence ;
Et l'on dirait que l'ancien a passé.
Heureux enfant, au printemps de la vie,
Qui sais enfin où reposer ton cœur,
Oh! viens souvent à l'autel de Marie
Goûter encor la paix et le bonheur.

O Vierge Marie!

Ce cantique, qui rappelle quelques-uns des sentiments que doit nous inspirer la présence réelle de Jésus-Christ dans l'Eucharistie, serait convenablement chanté la veille des jours où l'on se propose de recevoir la sainte communion.)

O Vierge Marie !
Priez pour nous, pauvres pécheurs !
Priez pour nous, mère chérie ;
Brisez, convertissez nos cœurs !

Salut à vous, salut, sainte Marie,
Pleine de grâce, et reine des élus !
Vierge si pure, entre toutes bénie !
Vierge sans tache et mère de Jésus !
O Vierge....

Qu'il serait grand, ô mon aimable mère !
Qu'il serait doux et complet mon bonheur,
Si j'éprouvais une atteinte légère
De vos élans vers le divin Sauveur !
O Vierge....

Ce Dieu si pur, ce Dieu des chastes âmes,
Ce saint des saints, je vais le recevoir.
Pour ce grand Dieu votre cœur est de flammes ;
Le mien est froid et ne peut s'émouvoir.
O Vierge....

Votre vertu, si modeste et si douce,
Attire en vous le Dieu de sainteté ;
Et de mon cœur, hélas ! tout le repousse ;
Je me confonds devant sa pureté.

O Vierge....

Dites pour moi ce qu'autrefois vous dites
A votre Fils aux noces de Cana,
Et ma langueur en forces insolites,
Ma sécheresse en feu se changera.

O Vierge....

Ainsi que vous, heureux de sa présence,
Faites alors que je chante ravi :
En moi Jésus fait briller sa puissance ;
Gloire à Jésus ! que son nom soit béni !

O Vierge....

Faites, enfin, que, suivant votre exemple,
Je craigne bien de perdre mon Sauveur ;
Et que toujours, le cherchant dans le temple,
Pour le trouver j'imite votre ardeur !

O Vierge....

Priez, Vierge Marie !

AIR : *C'est le nom de Marie.*

Priez, Vierge Marie,
Priez pour vos enfants.
Prêtez, mère chérie,
L'oreille à nos accents.

Nous sommes bien coupables ;
Et nos iniquités
Nous ont rendus semblables
Aux lépreux exilés.
Priez....

Comme la feuille morte
Nous sommes abattus ;
Et le vent nous emporte
Sur des flots inconnus.
Priez....

Notre Dieu, notre Père
Est un juge irrité :
Le jour de sa colère
A soudain éclaté.
Priez....

Le Tout-Puissant accorde
De longs jours au Chrétien ;
Mais sa miséricorde
Se fatigue à la fin.
Priez....

Après vaine menace,
Le Dieu qui règne au ciel
A détourné sa face
D'un monde criminel.
Priez....

Nous marchons dans la voie
Où marche le pécheur,
Et nous sommes la proie
D'un tyran séducteur.
Priez....

Jésus nous abandonne ;
Nous sommes en danger ;
Soyez notre patronne,
Vous pouvez nous sauver.
Priez....

Grande est notre misère,
Grand notre repentir ;
Montrez-vous notre mère,
Et nos maux vont finir.
Priez....

Salut, Reine du ciel !

AIR : *D'une Mère chérie.*

(Ce cantique peut accompagner la récitation du chapelet.)

En ce mois de Marie,
Célébrons tous en chœur
Notre mère chérie,
La mère du Sauveur.

Avec toute l'Église
Et l'ange Gabriel,
Que notre âme lui dise :
Salut, Reine du ciel !

Quelle est sainte, Marie,
La Reine des élus !
Entre toutes bénie,
Bénie avec Jésus !
Avec toute....

Elle est pleine de grâce,
La Reine des Chrétiens;
Sa puissance surpasse
La puissance des saints.
Avec toute....

Vierge modeste et pure,
Trésor de chasteté,
Rien dans notre nature
N'égale sa beauté !

Avec toute....

Soumise, obéissante
Aux ordres du Sauveur,
Elle est l'humble servante
Du divin Créateur.

Avec toute....

Sa bonté maternelle
Nous gardera toujours;
A l'ombre de son aile
Nous passerons nos jours.

Avec toute....

Elle est si bonne, Marie !

—

Elle est si bonne, Marie !
Il est si noble, son cœur !
Sa puissance est infinie ;
Pardonner est son bonheur.

Heureux celui dont l'innocence,
Celui dont l'humble repentir
Met au fond de la conscience
La paix que rien ne peut flétrir !
  Elle est....

Heureux qui, pour la Vierge sainte
Et pour le calme du désert,
A su bien loin jeter l'étreinte
D'un monde où la vertu se perd !
  Elle est....

Heureux celui qui se confie
En son ineffable pouvoir !
Après Jésus, c'est en Marie
Que repose tout notre espoir.
  Elle est....

Heureux celui dont la prière
Par elle s'adresse au Seigneur !
Dieu ne refuse pas sa mère
Qui l'invoque pour le pécheur.
  Elle est....

Heureux celui, dans la détresse,
Qui lève un regard vers les cieux !
Sur son enfant, avec tendresse,
La Vierge abaissera les yeux.

    Elle est...

Heureux qui marche sur sa trace !
En présence de sa vertu,
Les passions cèdent la place,
Et le démon tombe abattu.

    Elle est....

Heureux le serviteur fidèle !
Heureux celui qui l'aime bien !
Jamais, à l'ombre de son aile,
Vit on périr un seul chrétien ?

    Elle est....

Heureux celui dont la jeunesse
Est prompte à comprendre ses lois !
Heureux qui, jusqu'à la vieillesse,
Est resté fidèle à sa voix !

    Elle est....

Heureux celui qui, sur la terre,
Implore son puissant secours,
Qui vit en l'appelant sa mère,
Qui meurt en l'invoquant toujours !

    Elle est....

Tressons des guirlandes.

—

Tressons des guirlandes
Pour orner l'autel ,
Entourons d'offrandes
La Reine du ciel.

La plus sainte offrande ,
La plus belle fleur
Que Marie attende
C'est la paix du cœur.

Que , béni par elle ,
L'encens précieux ,
Comme une étincelle ,
Monte vers les cieux !

Mais que la prière
De tous ses enfants
Monte plus légère
Qu'un léger encens !

Qu'un chant d'allégresse
S'élève à la fois !
Qu'une sainte ivresse
Anime nos voix !

L'ivresse est plus sainte ,
Le chant est plus sûr ;
On parle sans crainte
Quand le cœur est pur.

L'Angelus.

Un archange vint
Du ciel sur la terre,
Et par l'Esprit saint
La Vierge fut mère.

Salut, ô Marie !
Pleine de vertus !
O Vierge bénie !
Mère de Jésus !
Priez, bonne mère,
Que tous les pécheurs
Pleurent la misère
Qui souille leurs cœurs !

Je suis du Seigneur
La simple servante ;
Au divin Sauveur
Suis obéissante.

Salut....

Et le Verbe-Dieu,
Pour nous faibles hommes,
Habite le lieu,
La terre où nous sommes.

Salut....

onjurez sans cesse
Votre divin Fils,
Pour qu'à sa promesse
Nous soyons admis.

Salut....

HYMNE DE SAINT CASIMIR

TROUVÉE DANS SON TOMBEAU.

1.
Omni die,
Dic Mariæ
Meæ laudes animæ ;
Ejus festa,
Ejus gesta
Cole splendidissima.

Contemplare
Et mirare
Ejus celsitudinem,
Dic felicem
Genitricem,
Dic beatam Virginem.

2.
Ipsam cole,
Ut de mole
Criminum te liberet ;
Hanc appella,
Ne procella
Vitiorum superet.

3.
Lingua mea,
Dic trophæa
Virginis puerperæ,
Quæ inflictum
Maledictum
Miro transfert genere.

4.
Sine fine
Dic Reginæ
Mundi laudis cantica ;
Hujus bona
Semper sona,
Semper illam prædica.

5.
Nemo dicet
Quantùm licet
Laudans ejus merita ;
Ejus cuncta
Sunt creata
Ditioni subdita.

6.
Hujus mores
Tanquàm flores
Exornant ecclesiam ;
Actiones
Et sermones
Miram præstant gratiam.

7.
Evæ crimen
Nobis limen
Paradisi clauserat.
Hæc, dùm credit
Et obedit,
Cœli claustra reserat.

8.
Propter Evam
Homo sævam
Accepit sententiam :
Per Mariam
Habet viam
Quæ ducit ad patriam.

9.
Hæc amanda
Et laudanda
Cunctis specialiter ;
Venerari
Et precari
Decet illam jugiter.

10.
Ipsa donet
Ut quod monet
Natus ejus faciam,
Et, finitâ
Carnis vitâ,
Lætus hunc aspiciam.

11.
O cunctarum
Feminarum
Decus atque gloria !
Quam probatam
Et elatam
Scimus super omnia.

12. Clemens audi
Tuæ laudi
Quos instantes conspicis,
Munda reos,
Et fac eos
Bonis dignos cœlicis.

13. Virga Jesse,
Spes oppressæ
Mentis, et refugium ;
Decus mundi,
Lux profundi,
Domini sacrarium !

14. Vitæ forma,
Morum norma,
Plenitudo gratiæ,
Dei templum,
Et exemplum
Totius justitiæ !

15. Virgo, salve,
Per quam valvæ
Cœli patent miseris ;
Quam non flexit
Nec allexit
Fraus serpentis veteris.

16. Gloriosa
Et formosa
David regis filia,
Quam elegit
Rex qui regit
Et creavit omnia.

17. Opto nimis
Ut imprimis
Des mihi memoriam,
Ut decenter,
Et frequenter
Tuam cantem gloriam.

18. Virgo, gaude,
Quia laude
Digna es et præmio;
Quæ damnatis
Libertatis
Facta es occasio.

19. Semper munda
Et fœcunda,
Virgo tu puerpera ;
Mater alma,
Velut palma,
Virens et fructifera.

20. Pulchra tota,
Sine notâ
Cujuscumque maculæ,
Fac nos mundos
Et jucundos
Te laudare sedulè.

21. O beata !
Per quam data
Nova mundo gaudia,
Et aperta
Fide certâ
Regna sunt cœlestia.

22. Per quam mundus
Lætabundus
Vero fulget lumine,
Antiquarum
Tenebrarum
Offusus caligine.

23. Nunc potentes
Sunt egentes,
Sicut olim dixeras ;
Et egeni
Fiunt pleni,
Ut tu prophetaveras.

24. Mundi luxus
Atque fluxus
Docuisti spernere ;
Deum quæri,
Carnem teri,
Vitiis resistere.

25. Mentis cursum
Tendi sursùm
Pietatis studio ;
Corpus angi,
Motus frangi
Pro cœlesti præmio.

26.   Mater facta,
      Sed intacta,
    Genuisti filium,
      Regem regum,
      Atque rerum
    Creatorem omnium.

27.   Benedictus
      Rex invictus,
    Cujus mater crederis;
      Qui creatus,
      Ex te natus,
    Nostri salus generis.

28.   Pro me pete
      Ut quiete
    Sempiternâ perfruar,
      Ne tormentis
      Comburentis
    Stagni miser obruar.

29.   Quod requiro,
      Quod suspiro,
    Mea sana vulnera;
      Et da menti,
      Te poscenti,
    Gratiarum munera.

30.   Ut sim castus
      Et modestus,
    Dulcis, blandus, sobrius,
      Pius, rectus,
      Circumspectus,
    Simultatis nescius.

31.   Eruditus,
      Et munitus
    Divinis eloquiis,
      Et beatus,
      Et ornatus
    Sacris exercitiis.

32.   Constans, gravis,
      Et suavis,
    Benignus, amabilis,
      Simplex, purus,
      Et maturus,
    Comis et affabilis.

33.   Corde prudens,
      Ore studens,
    Veritatem dicere,
      Malum nolens,
      Deum colens
    Pio semper opere.

34.   Commendato
      Me beato
    Christo tuo filio,
      Ut non cadam,
      Sed evadam
    De mundi naufragio.

35.   Esto tutrix
      Et adjutrix
    Christiani populi;
      Pacem præsta,
      Ne molesta
    Nos perturbent seculi.

36.   Tuâ dulci
      Prece fulci
    Supplices, et refove
      Quidquid gravat
      Et depravat,
    Mentes nostras remove.

37.   Fac nos mites,
      Pelle lites,
    Compecce lasciviam;
      Contrà crimen
      Da munimen
    Et mentis constantiam.

38.   Ora Deum,
      Ut cor nostrum
    Suâ servet gratiâ,
      Nec antiquus
      Inimicus
    Seminet zizania.

39.   Da levamen
      Et tutamen
    Tuum illis jugiter;
      Tua festa,
      Tua gesta
    Qui colunt alacriter. Amen.

LITANIES DE LA SAINTE VIERGE.

Kyrie, eleison.
Christe, eleison.
Kyrie, eleison.
Christe, audi nos.
Christe, exaudi nos.
Pater de cœlis, Deus, miserere nobis.
Fili, Redemptor mundi, Deus, miserere nobis.
Spiritus sancte, Deus, miserere n.
Sancta Trinitas, unus Deus, miserere nobis.
Sancta Maria, ora pro nobis.
Sancta Dei Genitrix,   ora.
Sancta Virgo virginum,   ora.
Mater Christi,   ora.
Mater divinæ gratiæ,   ora.
Mater purissima,   ora.
Mater castissima,   ora.
Mater inviolata,   ora.
Mater intemerata,   ora.
Mater amabilis,   ora.
Mater admirabilis,   ora.
Mater Creatoris,   ora.
Mater Salvatoris,   ora.
Virgo prudentissima,   ora.
Virgo veneranda,   ora.
Virgo prædicanda,   ora.
Virgo potens,   ora.
Virgo clemens,   ora.
Virgo fidelis,   ora.
Speculum justitiæ,   ora.
Sedes sapientiæ,   ora.
Causa nostræ lætitiæ,   ora.
Vas spirituale,   ora.
Vas honorabile,   ora.
Vas insigne devotionis,   ora.
Rosa mystica,   ora.
Turris davidica,   ora.

Turris eburnea,   ora.
Domus aurea,   ora.
Fœderis arca,   ora.
Janua cœli,   ora.
Stella matutina,   ora.
Salus infirmorum,   ora.
Refugium peccatorum,   ora.
Consolatrix afflictorum,   ora.
Auxilium Christianorum,   ora.
Regina Angelorum,   ora.
Regina Patriarcharum,   ora.
Regina Prophetarum,   ora.
Regina Apostolorum,   ora.
Regina Martyrum,   ora.
Regina Confessorum,   ora.
Regina Virginum,   ora.
Regina Sanctorum omnium, ora pro nobis.

Agnus Dei, qui tollis peccata mundi, parce nobis, Domine.
Agnus Dei, qui tollis peccata mundi, exaudi nos, Domine.
Agnus Dei, qui tollis peccata mundi, miserere nobis.
Christe, audi nos.
Christe, exaudi nos.

℣. Ora pro nobis, sancta Dei Genitrix.

℟. Ut digni efficiamur promissionibus Christi.

OREMUS.

Deus, qui in sinu Virginis Matris tuæ castissimæ requiescere dignatus es, da nobis, ipsâ intercedente, ut inimici per noctem devitemus insidias, et tu sis nostra quies et tutum præsidium, qui vivis, etc.